DATE DUE

SP
551.55
RUD   Rudolph, Jessica
             Tornado

$17.95
BC#32457121000388

DATE DUE	BORROWER'S NAME

SP   BC#32457121000388 $17.95
551.55   Rudolph, Jessica
RUD   Tornado

¡QUÉ DESASTRE!

TORNADO

por Jessica Rudolph

Consultant:
Dr. Charles A. Doswell III
Consultoría Científica Doswell
Investigador de Tormentas Severas de NOAA (jubilado)

BEARPORT
PUBLISHING

New York, New York

Créditos

Cubierta, © iStockphoto/Thinkstock; 4–5, © AFP/Getty Images; 6–7, © iStockphoto/Thinkstock; 8–9, © Eric Nguyen/Jim Reed Photography; 9T, © Mike Theiss; 9B, © Willoughby Owen; 10–11, © Pete Draper; 12–13, © Stockbyte/Thinkstock; 12, © Martin Haas; 14–15, © AP Photo/ Wynter Byrd; 16–17, © Mr. T in DC; 17, © Associated Press; 18–19, © FEMA/Alamy; 20–21, © Reuters/Eric Thayer; 20, © AP Photo/Journal Times, Scott Anderson; 22, © Minerva Studio/Shutterstock; 23TL, © Associated Press; 23TR, © FEMA/Alamy; 23BL, © Eric Nguyen/Jim Reed Photography; 23BR, © Mr. T in DC.

Editor: Kenn Goin
Director creativo: Spencer Brinker
Diseñadora: Debrah Kaiser
Editor de fotografía: Michael Win
Traductora: Eida Del Risco
Editora de español: Queta Fernandez

Datos de catalogación de la Biblioteca del Congreso

Rudolph, Jessica, author.
  [Tornado. Spanish]
  Tornado / por Jessica Rudolph ; consultor: Dr. Charles A. Doswell III, Consultoría Científica Doswell Investigador de Tormentas Severas de NOAA (retirado).
     pages cm. — ¡Qué Desastre!
  Includes bibliographical references and index.
  ISBN-13: 978-1-62724-246-2 (library binding)
  ISBN-10: 1-62724-246-5 (library binding)
  1. Tornadoes—Juvenile literature. I. Title.
  QC955.2.R83418 2014
  551.55'3—dc23

2013044166

Para más información, escriba a Bearport Publishing Company, Inc., 45 West 21st Street, Suite 3B, New York, New York 10010. Impreso en los Estados Unidos de América.

10 9 8 7 6 5 4 3 2

CONTENIDO

TORNADOS

¡Fuishhh!

Empiezan a soplar fuertes vientos.

Tierra y ramas vuelan por los aires.

¡Se acerca un **tornado**!

4

Los tornados también son llamados trombas terrestres.

El viento se mueve en círculos cada vez más rápido.

¡Crac!

¡Arranca de la tierra un árbol gigante!

Los vientos de un tornado suenan como una inmensa cascada.

Un tornado es una tormenta poderosa.

Es una enorme torre de aire que gira en círculo.

Los tornados tienen formas variadas. Pueden ser anchos o estrechos.

Los vientos de un tornado pueden alcanzar 300 millas por hora (483 kph).

A esa velocidad, los vientos pueden destruir los edificios.

Los vientos de un tornado son más rápidos que los de cualquier otra tormenta.

A veces los tornados destruyen casas.

A veces, lanzan carros por el aire.

Los tornados pueden arrancar del suelo las carreteras.

¡Los tornados son terribles!

Han herido, e incluso, matado a mucha gente.

Los tornados se llevan a la gente por los aires y las hieren con objetos voladores.

¿Cómo puedes protegerte?

Chequea el **pronóstico del tiempo.**

Te dirá si viene un tornado.

Busca el pronóstico del tiempo en la tele o en Internet.

DOPPLER
WASHINGTON, DC

Chantilly

Manassas

Warrenton

SEVERE WEATHER ALERT DAY

TORNADO WA

R 9000 HD

9 WEATHER NOW

Davi

Washington

Fairfax

Alexandria

Clinton

Brandywine

Woodbridge

Waldorf

Bened

Quantico

ARNING

RIV

17

¡Si se acerca un tornado, busca **refugio** enseguida!

El lugar más seguro es un sótano o **búnker subterráneo**.

Los refugios subterráneos te protegen de los objetos voladores.

Durante un tornado, cúbrete la cabeza con las manos.

Quédate en el refugio hasta que el tornado se haya ido.

Después de un tornado, la gente limpia el desastre.

21

DATOS SOBRE LOS TORNADOS

- Los tornados se alargan desde el cielo hasta la tierra.

- Los tornados ocurren durante una tormenta eléctrica. En las tormentas eléctricas hay nubes negras, lluvia, truenos y relámpagos.

- Los tornados pueden ocurrir en cualquier época del año. Pueden durar unos segundos o varias horas.

- Los tornados pueden viajar más de 200 millas (322 km).

GLOSARIO

refugio: lugar que protege del peligro

búnker subterráneo: habitación bajo tierra en la que la gente se mete para protegerse de las tormentas

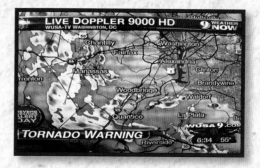

tornado: una torre de aire giratoria y poderosa que se mueve sobre la tierra y puede causar mucha destrucción

pronósticos del tiempo: reportes que dicen cómo será el tiempo en las próximas horas o días

ÍNDICE

READ MORE

Chambers, Catherine. *Tornado (Wild Weather).* Chicago: Heinemann (2002).

Gibbons, Gail. *Tornadoes!* New York: Holiday House (2009).

LEARN MORE ONLINE

Para saber más sobre tornados, visita
www.bearportpublishing.com/ItsaDisaster!

ABOUT THE AUTHOR

Jessica Rudolph vive en Connecticut. Ha escrito
y editado muchos libros para niños sobre
historia, ciencia y naturaleza.